MOCASINES DE AGUA

BIBLIOTECA DE DESCUBRIMIENTOS DE CULEBRAS

Sherie Bargar Linda Johnson
Versión en español de Argentina Palacios

Fotógrafo/Consultor: George Van Horn

The Rourke Corporation, Inc.
Vero Beach, Florida 32964

Library of Congress Cataloging in Publication Data

Bargar, Sherie, 1944-
[Cottonmouths. Spanish]
Mocasines de agua / Sherie Bargar, Linda Johnson; versión en español de Argentina Palacios; fotógrafo/consultor, George Van Horn.
p. cm. — (Biblioteca de descubrimientos de culebras)
Incluye índice.
Resumen: Introducción a las características físicas, el hábitat, el ambiente natural y la relación de las distintas especies de mocasines de agua con los seres humanos.
ISBN 0-86593-332-4
1. Agkistrodon piscivorous—Literatura juvenil. 2. Víboras—Literatura juvenil. 3. Culebras venenosas—Literatura juvenil. [1. Mocasines de agua. 2. Culebras venenosas. 3. Culebras. 4. Materiales en español.] I. Johnson, Linda, 1947- . II. Van Horn, George, ilust. III. Título. IV. Serie: Bargar, Sherie, 1944- . Biblioteca de descubrimientos de culebras. Español.
QL666.069B37418 1993
597.96—dc20 93-13895
CIP
AC

ÍNDICE DE MATERIAS

LOS MOCASINES DE AGUA

Los mocasines de agua son parientes de las culebras cascabel y otras víboras venenosas de la familia *Crotalid,* pero a diferencia de sus parientes, prefieren vivir y cazar en **hábitats** de agua dulce. En inglés se les llama “cottonmouth”, es decir, “boca de algodón”, porque tienen el interior de la boca de color blanco. Se sabe que estas culebras pueden vivir más de 20 años.

Mocasín de agua
Agkistrodon piscivorous

DÓNDE SE ENCUENTRAN

Los pantanos, lagos, ríos y ciénagas del suroeste de Estados Unidos son vivienda de los mocasines de agua. A menudo se **asolean** a la orilla del agua. Cuando los humedales y charcas se secan, los hambrientos mocasines de agua andan enormes distancias para estar cerca del agua. Esta **migración** puede conducir a cientos de mocasines de agua a una pequeña charca en busca de **presa** y hábitat adecuado.

Mocasín de agua
Agkistrodon piscivorous

ASPECTO FÍSICO

El cuerpo pesado y fuerte del mocasín de agua puede alcanzar de 4 a 5 pies de largo. Las escamas de color olivo, café y negro tienen ribetes y **poros.** Algunos tienen bandas de color café oscuro y un color claro a cada lado; ciertos mocasines de agua se ponen de color oscuro entero. El mocasín de agua parece que llevara una máscara porque tiene una banda oscura que va de cada ojo al canto de la boca.

Mocasín de agua
Agkistrodon piscivorous

LOS SENTIDOS

El mocasín de agua saca y mete la lengua rápidamente y lleva partículas del área circundante. El órgano de Jacobson en el cielo de la boca **analiza** las partículas para enterarse de lo que hay por ahí cerca. A corta distancia, los ojos y las fosas receptoras de calor que tiene en la cara le indican la ubicación de la presa en movimiento. Las fosas receptoras de calor que tiene en la cara perciben el calor de la presa.

Mocasín de agua
Agkistrodon piscivorous

LA CABEZA Y LA BOCA

La cabeza grande y gruesa del mocasín de agua es chata. Largos colmillos huecos se encuentran plegados hacia el cielo de la boca. Al morder, los colmillos se despliegan e inyectan **veneno** de las glándulas productoras de veneno a la presa. Las mandíbulas se estiran como una liga de caucho para engullir al animal entero. El conducto respiratorio se extiende desde la garganta hasta el frente de la boca y permite que la culebra respire mientras engulle la presa.

Mocasín de agua
Agkistrodon piscivorous

hoyo de la nariz
fosa receptora de calor

colmillos en
su funda
conducto
respiratorio
lengua

LAS CRÍAS

En agosto o septiembre, la madre mocasín de agua tiene de 5 a 15 bebés. Las crías tienen unas 10 pulgadas de largo. Al nacer, tienen marcas distintivas con bandas de color claro y la cola, amarillo brillante. Al crecer, el distintivo brillante se opaca y el color de la culebra oscurece. El bebé mocasín de agua menea la cola para atraer la presa. La mordedura de un mocasín de agua puede matar desde el momento de nacer.

Mocasín de agua
Agkistrodon piscivorous

LA PRESA

Los mocasines de agua son buenos nadadores y a menudo cazan su presa en el agua. Esa presa puede ser peces, ranas, aves, patos, tortugas pequeñas y otros animales pequeños. El mocasín de agua también se come a otras culebras. El mocasín de agua sorprende a su presa con una rápida mordedura venenosa y la engulle inmediatamente. Al mocasín de agua se lo comen los lagartos, las aves y los mapaches.

Mocasín de agua
Agkistrodon piscivorous

DEFENSA

El mocasín de agua evita al enemigo cuando puede. Si le es imposible escapar, se alza del suelo mostrando los colmillos y la parte blanca de la boca. Meneando la cola, la culebra le advierte al enemigo que está en peligro. Si el enemigo se acerca mucho, el mocasín de agua lo ataca.

Mocasín de agua
Agkistrodon piscivorous

LOS MOCASINES DE AGUA Y LOS SERES HUMANOS

A causa de su mala vista, el mocasín de agua a menudo se mete en el bote de algún pescador. Sin darse cuenta del pescador, el tímido mocasín de agua va atraído por el olor del pescado o en busca de un lugar donde reposar. Aunque parezca que está atacando al pescador, no lo está haciendo. Tratando de echarse al agua para escapar al cazador, el mocasín de agua parece que ataca al apresurarse junto a o por entre las piernas del cazador.

La mordedura del mocasín de agua es muy dolorosa y causa hinchazón y daño al tejido alrededor de la misma.

Glosario

analizar — Averiguar qué es algo.

asolearse — Echarse y disfrutar del calor.

hábitat — El lugar dónde normalmente se encuentra un animal.

migración — Movilizarse entre un lugar y otro.

ponzoña — Una sustancia química producida por los animales que enferma a otros animales o seres humanos o los mata.

poro — Un hoyo pequeñito.

presa — Un animal que caza o mata otro animal para comer.

veneno — Una sustancia que enferma o causa la muerte cuando entra en el cuerpo.

ÍNDICE